INVENTAIRES

DE L'HOTEL ET DU CHATEAU

DE RAMBOUILLET

EN 1652, EN 1666 ET EN 1671

PAR

F. LORIN

Secrétaire de la Société archéologique de Rambouillet

TOURS

IMPRIMERIE DESLIS FRÈRES

6, RUE GAMBETTA, 6

—

1894

INVENTAIRES

DE L'HOTEL ET DU CHATEAU

DE RAMBOUILLET

EN 1652, EN 1666 ET EN 1671

PAR

F. LORIN

Secrétaire de la Société archéologique de Rambouillet

TOURS

IMPRIMERIE DESLIS FRÈRES

6, RUE GAMBETTA, 6

1891

INVENTAIRES

DE L'HOTEL ET DU CHATEAU DE RAMBOUILLET

EN 1652, EN 1666 ET EN 1671

———

Nous avions annoncé, dans le IXe volume de nos *Mémoires*, la publication prochaine de trois inventaires dressés, le premier, après le décès du marquis de Rambouillet, en 1652 ; le second, après la mort de la marquise, en 1666 ; et le troisième, en 1671, après la mort de la duchesse de Montausier ; inventaires contenant la description complète et détaillée de l'ameublement de l'hôtel de Rambouillet et du château de ce nom.

M. Charles Sauzé, juge suppléant au Tribunal de Montmorillon, qui possède les expéditions de ces trois inventaires, a bien voulu nous les confier pour que nous les reproduisions dans nos *Mémoires*.

La Société archéologique de Rambouillet ne peut que se féliciter d'avoir été choisie à l'effet de livrer à la publicité des pièces d'un aussi haut intérêt historique.

Il semble, d'ailleurs, qu'ici, dans nos *Mémoires*, ces pièces, entièrement inédites, trouvent naturellement leur place et complètent l'œuvre que nous avons entreprise.

Cette œuvre consiste à montrer les relations qui

existent entre la famille de Rambouillet, si célèbre au xvii° siècle, et notre château.

Nous avons essayé, dans notre IX° volume, à l'occasion d'une représentation, au château de Rambouillet, de la *Sophonisbe* du poëte Mairet, en novembre 1636, de rattacher l'histoire de ce château à celle de l'hôtel de Rambouillet ; nous avons fait voir comment Rambouillet était devenu le domaine des d'Angennes et leur maison de campagne et comment ainsi il avait pu recueillir quelques échos du mouvement littéraire de la première moitié du xvii° siècle.

La vie littéraire de Paris à cette époque était, en effet, en quelque sorte, transplantée, en été et jusqu'à la fin de l'automne, à Rambouillet: pendant la belle saison, tous les attraits, les grâces, les amours tenaient leur cour plénière à Rambouillet: le Cours-la-Reine, promenade habituelle de la famille d'Angennes, devenait alors désert, disaient les poëtes, et Voiture, en attendant impatiemment le retour à Paris de Catherine de Vivonne, était obligé d'envoyer ses rondeaux à Rambouillet, où, malgré lui, son âme était prisonnière:

A LA MARQUISE DE RAMBOUILLET

A Rambouillet va vitement et cours,
Petit Rondeau, mais, sans trop de discours,
Fais mon excuse et mon humble prière ;
Tu n'as qu'à voir et suivre la lumière
Qui de loin paraît dessus ses tours.
Tous les attraits, les grâces, les amours
Et les vertus qui brillent en nos jours
Depuis un mois tiennent leur cour plénière.
    A Rambouillet.

> Paris languit, attendant leur secours,
> L'on n'y voit plus ni la cour ni le Cours ;
> Que si parfois je prends cette carrière,
> Mon esprit fuit et retourne en arrière,
> Mon cœur s'absente et mon âme est toujours
>   A Rambouillet.
>
>   (Manuscrits de Conrart. — Rondeau inédit.)

Les beaux esprits du temps accouraient à Rambouillet au premier appel de son aimable châtelaine et les heures charmantes que l'on passait auprès d'elle laissaient chez tous ceux qui les avaient goûtées des souvenirs ineffaçables.

L'abbé Antoine Arnauld consignait, dans les *Mémoires* de sa vieillesse, le récit de la représentation de la *Sophonisbe* comme une des histoires les plus agréables de sa vingtième année.

Petit événement en apparence, cette représentation de la *Sophonisbe* de Mairet, au château de Rambouillet, pendant les fêtes de la Toussaint de 1636 ! Isaac Arnault, colonel d'un régiment de carabiniers en garnison près de Corbie dont notre armée faisait le siège, profite d'un congé de quelques jours pour venir se reposer à Rambouillet ; il est accompagné d'un de ses cousins, Simon Arnault, lieutenant au même régiment, et d'Antoine Arnault, un autre de ses parents, celui-là simple carabinier.

On joue la *Sophonisbe* de Mairet[1]. Le rôle de Sophonisbe est attribué à Julie d'Angennes et à Louise de Balzac ; Marie de Balzac, dite Mme de Mézières, et Mélisse, dans le langage des Précieuses, est chargée du rôle de Phénice, une confidente ; Simon Arnault joue le personnage

[1] Voir notre IXe volume.

de Massinissa ; Angélique Paulet chante aux intermèdes.

La représentation terminée, nos carabiniers s'en retournent à Corbie, ville éloignée de cinquante lieues de Rambouillet, par une pluie battante.

Banal incident de la vie, dira-t-on, cette représentation théâtrale, ce court séjour des carabiniers de Corbie au château de Rambouillet?

Nous n'y contredisons point ; cependant tous ceux qui passèrent les fêtes de la Toussaint de 1636 à Rambouillet eurent de la peine à oublier la délicieuse hospitalité qu'ils reçurent au château, tant les portes du vieux castel étaient largement ouvertes, tant était grand le charme que la marquise répandait autour d'elle.

Cela est si vrai que, quelque temps après son voyage de Rambouillet, le colonel Arnault revenu à son régiment exhalait ses regrets dans ces vers, encore inédits, adressés à la marquise :

> Par les chemins, en partant de chez vous,
> Mon esprit seul affligé pour nous tous,
> S'entretenait des heureuses journées
> Qu'à Rambouillet vous nous avez données,
> Dont les plaisirs feraient les dieux jaloux.
>
> Le cœur grossi d'un souvenir doux,
> Tout autre objet augmentant mon courroux,
> J'allais pestant contre les destinées
>   Par les chemins.
>
> Ha ! je disais que carabins sont fous ;
> Depuis longtemps ils devraient être soûls
> D'user ainsi leurs plus belles années,
> Pourquoi quitter des nymphes si bien nées
> Et s'en aller la nuit comme hiboux
>   Par les chemins.

(Manuscrits de Conrart.)

Son parent, Simon Arnault, le lieutenant de cara-
bins, qui avait joué le rôle de Massinissa, éprouvait les
mêmes regrets que le colonel de son régiment et, paro-
diant les vers qu'au premier acte de la *Sophonisbe*
Mlle de Mézières, dans le rôle de Phénice, récitait, il en-
voyait à cette jeune fille l'épître suivante en vers, rap-
portée dans les manuscrits de Conrart :

POUR MADEMOISELLE DE MÉZIÈRES

Que trop, que trop, dit le preux Massinisse,
Nous endurons de peine et de supplice,
Depuis le jour si sombre et si pluvieux
Que nous avons éloigné ces beaux lieux,
Où règne en paix l'adorable Arthénice.

Je donne au diable et bombarde et milice
Et ce pénible et brutal exercice,
Qui ne nous fait chagrins, pauvres et vieux,
    Que trop, que trop.

Que si je suis quelque jour mon caprice
Je quitterai, quoi qu'il en réussisse,
Ce point d'honneur qui fait les demi-dieux,
Et les plaisirs les plus délicieux,
Pour ouïr dire à la belle Mélisse (Mlle de Mézières) :
    Que trop, que trop.

Nous en concluons donc, avec documents à l'appui de
nos affirmations, que Rambouillet, au xviie siècle, eut
sa part de la renommée qui s'attacha alors aux d'Angennes et qu'à cette époque être éloigné de Rambouillet était une pénible chose.

Si Rambouillet n'était pas le pays d'origine de la
famille d'Angennes, il était devenu son pays d'adoption;

à partir de la seconde moitié du xvi° siècle, c'est dans l'église de Rambouillet que les d'Angennes demandent à être enterrés : les registres de la paroisse mentionnent au xvii° siècle les événements heureux ou malheureux de cette famille.

Les actes d'inhumation du père et de la mère du marquis de Rambouillet y sont dressés, ainsi que le constatent nos actes de l'état civil :

« Noble dame Julienne d'Arquenay décéda le di-
« manche treizième jour de décembre 1609 et fut
« inhumée par moi Bourlat (c'est le nom du curé) en
« l'église de Rambouillet.
« Noble homme, haut et puissant seigneur Nicolas
« d'Angennes, chevalier des ordres du roi et seigneur
« de Rambouillet, décéda le vendredi six de sep-
« tembre 1611 et fut inhumé par moi en l'église de
« Rambouillet. »

(État civil de Rambouillet.)

Quarante ans plus tard, le marquis de Rambouillet, mort à Paris, vint rejoindre son père à Rambouillet :

« Le mardi 26° jour de mars 1652 fut inhumé dans
« l'église de Saint-Lubin de Rambouillet le corps de
« messire Charles d'Angennes, en son vivant conseiller
« du roi en ses conseils d'État et privé, chevalier des
« ordres du roi, grand maître de la garde-robe, mar-
« quis de Pizani de Rambouillet. Lequel décéda le lundi
« 26 février à 2 heures du matin, en son hôtel à Paris,
« en la paroisse de Saint-Germain-l'Auxerrois. »

(État civil de Rambouillet.)

A deux reprises, dans les registres de la paroisse,

l'acte de baptême de Julie d'Angennes est transcrit en ces termes:

« Julia Lucina, fille de Mgr le vidame du Mans et de
« dame Catherine de Vivonne, sa mère, fut baptisée
« par M. Philippe Cospéan, évêque d'Aire; son parrain
« fut pauvre homme, sa marraine pauvre femme, à
« Paris, le 25 juin 1607, en la paroisse de Saint-Germain-
« l'Auxerrois. »

« Signé: BOURLAT. »
(État civil de Rambouillet.)

Ainsi les liens qui rattachaient à Rambouillet la famille des d'Angennes étaient des plus étroits.

Dans notre étude parue en 1891 nous n'avons pu mettre en lumière que les habitués de l'hôtel et du château de Rambouillet: grâce aux inventaires retrouvés par M. Charles Sauzé, nous pénétrons plus intimement dans l'intérieur de la famille de Rambouillet et le cadre dans lequel se sont agités nos personnages apparaît dans toute sa netteté.

Nous rencontrons dans les inventaires de 1652 et de 1666 qui auraient fait les délices et la joie de Victor Cousin s'il les avait connus, presque tous les objets destinés aux besoins journaliers ou à l'agrément de la marquise de Rambouillet.

Quelques souvenirs qu'elle tenait de sa famille ou de ses amis manquent peut-être à l'appel: ainsi nous avons beau chercher, nous ne pouvons mettre la main sur le petit rouet d'ivoire que lui envoya Godeau.

A MADAME LA MARQUISE DE RAMBOUILLET

EN LUI ENVOYANT UN PETIT ROUET D'IVOIRE

Petit rouet d'ivoire de Phénice,
Va-t'en tout droit au palais d'Arthénice,
Prendre une place en son beau cabinet ;
Mais résous-toi que ta blancheur ternisse
Près de son teint si luisant et si net.

Là, si tu veux me rendre un bon office,
Dis-lui qu'ici c'était mon exercice,
Que de tourner ton joli moulinet,
    Petit rouet.

Dis-lui, de plus, quoi qu'il en réussisse,
Comme je l'aime et que pour son service
Je voudrais faire et ballade et sonnet ;
Si tu le fais, j'ôterai mon bonnet
Et je dirai que le Ciel te bénisse,
    Petit rouet.

(Manuscrits de Conrart.)

Aucun des inventaires ne fait non plus mention des portraits de famille qui, si l'on en croit Mlle de Scudéry, auraient orné la chambre bleue.

Mais, en revanche, que de compensations !

Jusqu'à ce jour, nous n'avions que des données vagues sur la fameuse chambre bleue et nous devions nous contenter de la description qu'en avait faite Mlle de Scudéry, dans la *Princesse de Paphlagonie* :

« L'antre de la déesse Athènes est entouré de grands
« vases de cristal, pleins des plus belles fleurs du prin-
« temps, qui durent toujours dans les jardins qui sont
« auprès de son temple pour leur produire ce qui lui

« est agréable. Autour d'elle il y a force tableaux de
« toutes les personnes qu'elle aime, ses regards sur ces
« portraits portent toute bénédiction aux originaux ; il
« y a aussi force tablettes qui sont dans cette grotte :
« on peut juger qu'ils ne traitent rien de commun. »

Maintenant nous pouvons reconstituer pièce par
pièce le mobilier de la chambre bleue de la marquise
de Rambouillet ; nous connaissons même les dimensions
de cette chambre, la hauteur de son plafond.

La chambre bleue était ainsi dénommée à cause de la
couleur de la tenture qui ornait ses murs.

En 1652, d'après les indications de notre premier
inventaire, les murs de la chambre bleue disparaissaient
derrière une tenture de tapisserie de Bruxelles à petits
personnages en verdure et portique ; cette tapisserie
composée de huit pièces mesurait 3ᵐ,60 de hauteur
sur 30 mètres de tour.

C'était la première chose qui frappait les regards.
Un tapis de Turquie rhodien couvrait le parquet.

Dix chaises à vertugadin, sièges plus spécialement
réservés aux dames, étaient placées dans la chambre
bleue ; à côté, des escabeaux ployants de bois de chêne
peint en rouge sur lesquels les hommes s'asseyaient ;
ces escabeaux étaient recouverts en velours rouge cra-
moisi avec une petite frange d'or fin.

Le lit de repos sur lequel Mᵐᵉ de Rambouillet se tenait
quand elle recevait ses amis était en bois de noyer,
le chevet en satin de Bruge vert.

Au moment où les inventaires sont dressés, escabeaux
et lit de repos sont couverts de leurs riches housses que
le notaire décrit minutieusement.

Le mobilier du salon comprenait une table à châssis de bois de hêtre, deux grands guéridons de bois noirci, deux tables de bois d'ébène ; un cabinet de marqueterie de la Chine, avec son petit coffret garni de faux diamants, un cabinet d'émail, se reflétaient dans les eaux d'une belle glace de Venise de 2 pieds 1/2 de haut sur 2 pieds de large, avec bordure d'ébène et cordon d'or et soie bleue.

En 1652, l'inventaire mentionne dans la chambre bleue l'existence de six tableaux : l'un représente un triomphe ; un autre, un paysage ; ici, Vénus et Adonis ; là, un pot de fleurs, la Joconde ; et, enfin, une Vierge tenant un petit Jésus.

Les meubles sont surmontés de pièces de petites porcelaines, de figures de bronze, d'écuelles de chêne et de pots à fleurs.

Un magnifique chandelier de cuivre doré et cristal, contenant quinze branches, est suspendu au plafond avec un cordon or et soie.

L'heure est donnée par une horloge de cuivre doré. Dans les pièces voisines sont ramassés les paravents que l'on développait dans la chambre bleue, paravents derrière lesquels Voiture contait ses bons mots et parlait notamment des mauvais bruits qui couraient sur le Soleil.

« On s'entretenait à l'hôtel de Rambouillet, dit « Ménage, des macules nouvelles découvertes sur le « disque du Soleil qui pouvaient faire appréhender que « cet astre ne s'affaiblît. M. de Voiture entra dans ce « temps-là. Mme de Rambouillet lui dit :

« — Eh bien ! Monsieur, quelles nouvelles !

« — Mademoiselle, dit-il, il court de mauvais bruits « sur le Soleil. »

Dans une chambre voisine tel objet inventorié rappelle une infirmité ou des habitudes de Mme de Rambouillet.

Ainsi Mme de Rambouillet, qui était très frileuse, se mettait, l'hiver, les pieds dans un sac de peau d'ours ; l'inventaire de 1666 décrit : un fourreau à mettre les pieds, de camelot gris doublé d'ours, et une petite couverture de taffetas de la Chine, doublé de peau de cygne ; les manches de son corps de tabis isabelle sont fourrées de peau de lapin.

Le même inventaire n'oublie point, non plus, son petit chauffe-pieds couvert de feuilles d'argent.

Et les cornettes de la bonne marquise, de la vieille grand'mère, nous les retrouvons en grande quantité, car, l'hiver, la marquise s'enveloppait la tête d'un nombre considérable de coiffes, à tel point, disait-elle, qu'elle perdait l'ouïe à la Saint-Martin et la recouvrait à Pâques.

Les inventaires ne laissent rien de côté, pas même les grains d'ambre dont Mme de Rambouillet faisait une certaine consommation et qui avaient, d'après Tallemant des Réaux, déterminé chez elle, à la fin de sa vie, un continuel branlement de tête.

Les inventaires sont de vivants commentaires des *Historiettes* de Tallemant.

Quelle meilleure preuve que Mme de Rambouillet était une catholique fervente que tous ces tableaux et objets de piété, qui se trouvaient dans sa chambre à coucher, où il y avait :

Une vierge tenant un Jésus ;

Un saint Jean de Stella ;

Une Notre-Dame-de-Pitié ;

Un Christ au Jardin des Oliviers ;

Une Vierge ;

Un Tobie avec un ange ;

La Vierge au pied de la Croix ;

Le Christ et la Vierge ;

Un bénitier, un crucifix, des chapelets.

Quelle indication plus précise et plus nette de ses études latines commencées, de ses études espagnoles achevées, que ces soixante volumes reliés en veau, inventoriés dans la bibliothèque, « ouvrages en langues italienne, espagnole, latine, le tout fort antique » ?

Passons-nous aux objets de toilette de la femme ?

Les inventaires notent les gants de peau d'Espagne que portait la marquise ; ses éventails parfumés ; les croix d'or, qui pendaient sur sa poitrine ; ses montres en or avec leurs chaînes ; ses bagues en or, où brillent des diamants taillés ; les tissus d'argent, qui forment sa ceinture.

Robes de chambre en taffetas de la Chine, mantelet de camelot gris, jupes de popeline, mouchoirs de linon, manteaux brodés d'or et d'argent défilent dans l'inventaire de 1666.

Abordons-nous un autre ordre d'idées ? L'origine de propriété de l'hôtel de Rambouillet, sur laquelle on n'avait que des données incertaines, ou veut-on connaître les fonctions qu'occupa le marquis de Rambouillet, les différentes étapes parcourues par la famille de Savelle avant de s'établir définitivement en France ?

Sur tous ces points, les inventaires fournissent des renseignements précis, des dates intéressantes.

En 1587, l'hôtel de Rambouillet appartenait à Pierre de Sourhouette du Halde, chevalier, baron d'Aurilly, et à dame Lucresse de Mauny, son épouse, qui l'hypothèquent à Claude Lelièvre, bourgeois de Paris, pour sûreté de 166 écus de rente qu'ils doivent à Lelièvre ; cet hôtel consistait alors en un corps d'hôtels, cours et jardin, tenant, d'une part, à l'hôtel d'O, d'autre part au sieur Duplessis, aboutissant par derrière au cimetière des Quinze-Vingts et par devant sur la rue Saint-Thomas-du-Louvre.

Les époux du Halde n'ayant point satisfait aux obligations qu'ils avaient contractées, l'échéance venue, l'hôtel fut saisi par Lelièvre, leur créancier ; au cours de la saisie, suivant la procédure d'alors, l'on mit en adjudication le bail, qui fut cédé judiciairement, au Châtelet de Paris, le 21 juin 1595, à un nommé Bachasson ; Bachasson passa son bail à Antoine de Pluvieux, qui lui-même transporta ses droits, le 12 mars 1598, au comte de Nanteuil ; l'hôtel changea encore une fois de locataire avant que les formalités de procédure fussent terminées et qu'il fût vendu, car, le 8 juillet de la même année, un bail judiciaire était consenti à Pierre Hébert.

Le 7 mai 1599, l'hôtel du Halde saisi depuis longtemps fut mis en vente et adjugé à une fillette de onze ans, Catherine de Vivonne.

L'adjudication prononcée au profit de la fille de Jean de Vivonne fut attaquée par une dame de Sourhouette du Halde ; un vice de procédure était relevé par elle contre l'adjudication de 1599 ; mais un arrêt du Parlement du 10 mai 1604 écartait le moyen de procédure et définitivement l'immeuble reposait sur la tête de la jeune Catherine, qui avait épousé le vidame du Mans, Charles d'Angennes.

Les inventaires nous permettent de suivre pas à pas

l'arrivée en France de la mère de Mme de Rambouillet, qui était Italienne et s'était mariée en secondes noces avec Jean de Vivonne, ambassadeur de France à Rome ; nous pouvons aisément, avec ces documents nouveaux, suivre la carrière de la famille de Rambouillet, les modifications dans son état civil, apprécier sa situation de fortune. Nous sommes initiés aux questions d'intérêts de la maison d'Angennes.

Nicolas d'Angennes, le père de Charles, s'était marié, en 1567, avec Jeanne d'Arquenay ; son contrat de mariage avait été reçu par Blanchewyn, notaire sur la paroisse de la Croix, au Mans ; Magdeleine, la sœur de Charles, qui fut enterrée à Rambouillet, avait épousé en premières noces Pierre de Bellay, seigneur de Thourçay, et leur contrat porte la date du 30 janvier 1588.

Jean de Vivonne était devenu le mari de la princesse Julia Savelli, à Rome, en 1587 ; le contrat en italien est du 22 septembre 1587 ; le mariage fut célébré en l'église Saint-Eustache de Rome, le 8 novembre de la même année.

Catherine de Vivonne, leur fille, naît à Rome, en 1588.

Henri IV, au mois d'août 1593, accorde à Julia Savelli des lettres de naturalisation scellées du grand sceau de cire verte.

L'année suivante, en avril, Catherine de Vivonne, âgée de cinq ans, est gratifiée de la même faveur.

Ces lettres de naturalisation relatives à la mère et à sa fille sont entérinées par la Chambre des comptes du 17 septembre 1594 et un arrêt de la même Chambre du 18 novembre 1598 donne acte au marquis de Pisani de ce qu'il déclare que sa femme et sa fille ont établi leur séjour en France.

A la date du 28 mai 1596 se place un prétendu testament du marquis de Pisani, qui aurait été reçu par M⁰ Sainxot; après la mort de Vivonne, ce testament fut l'objet d'une inscription de faux.

Le 6 mars 1599, Jean de Vivonne et Julia Savelli déposent au rang des minutes de Janot, notaire à Paris, leur contrat de mariage passé en Italie; la traduction en français est placée en regard de l'italien.

Le 7 mai, Catherine de Vivonne achète l'hôtel du Halde; son père meurt le 7 octobre à Saint-Maur-les-Fossés et sa mère devient sa tutrice aux termes d'une délibération de parents du 19 octobre 1599.

Au début du siècle nouveau, Catherine, âgée de douze ans, épouse Charles d'Angennes, vidame du Mans, qui en a vingt-quatre; le 27 janvier 1600, leur contrat de mariage est reçu par M⁰ Briquet, notaire à Paris.

Un brevet du 3 janvier 1607 confère au vidame du Mans le titre de conseiller au Conseil d'État; le 6 février, il prête serment; à la mort de son père arrivée le 7 septembre 1611, Charles d'Angennes prend le nom de marquis de Rambouillet; le 9, il accepte sous bénéfice d'inventaire la succession de Nicolas d'Angennes.

Le 13 septembre, sentence du Châtelet qui entérine les lettres de bénéfice d'inventaire; le 19, l'inventaire est dressé.

Dans les papiers du marquis de Rambouillet les notaires analysent un brevet signé: « Louis », et plus bas : « de Loménie », du 16 septembre 1615, par lequel Sa Majesté, désirant traiter favorablement le marquis de Rambouillet, lui a accordé un pouce d'eau à prendre au gros tuyau qui conduit aux Tuileries vis-à-vis de l'arcade de la grande galerie qui est au bout de la rue

Saint-Thomas-du-Louvre pour que ledit marquis fasse conduire ce pouce d'eau en son logis sis rue Saint-Thomas-du-Louvre.

Par lettres patentes du 21 novembre 1629, le marquis de Rambouillet est nommé conseiller d'État dans les conseils du roi, les finances et le conseil privé sans être tenu de prêter serment.

Il vend la charge de grand maître de la garde-robe, dont il était investi, au comte de Nançay, moyennant 300.000 livres, dont 200.000 payées comptant.

Un arrêt du Parlement du 7 septembre 1635 homologue cette vente.

Charles d'Angennes a des créanciers qui font des oppositions sur les 100.000 livres redues par le comte de Nançay : ces 100.000 livres donnent lieu à une distribution entre les créanciers du marquis en 1640.

Des difficultés, d'autre part, s'élèvent entre le vendeur et son acquéreur. Tallemant des Réaux dit que le marquis était très processif, que volontiers il offrait de s'en remettre à des arbitres, mais que, si les arbitres lui donnaient tort, il ne voulait pas tenir compte de leurs avis.

Nous en avons la preuve dans les inventaires : le comte de Nançay et le marquis de Rambouillet désignèrent des arbitres chargés de trancher leur différend au sujet du prix de vente de la charge de grand maître de la garde-robe : les choses traînèrent en longueur et finalement cette affaire ne se termina qu'en décembre 1654.

Entre autres procès, Charles d'Angennes eut à plaider contre le seigneur de Marolles et Marie d'Angennes, sa femme, et le 3 décembre 1645 il eut à leur payer une somme de 50.000 livres.

Julie d'Angennes, l'incomparable Julie, se marie, en 1645, à trente-six ou trente-huit ans, avec M. de Montausier ; le contrat est reçu par Mes de Beaufort et de Beauvais.

Toutes les dispositions importantes du contrat de mariage (un beau contrat) sont analysées dans l'inventaire ; dans les apports de la future figurent 30.000 liv. de bagues et joyaux, ses parts d'intérêts dans l'engagement des coches d'Orléans.

Le roi Louis XIII avait concédé à Mme d'Aiguillon, la nièce du cardinal de Richelieu, des droits dans l'entreprise des coches d'Orléans : Mme d'Aiguillon, qui aimait beaucoup Julie, en donna une part à son amie : cette part pouvait représenter 5.000 ou 6.000 livres de rente, d'après Tallemant.

Il était stipulé, dans le contrat de mariage du 27 juin 1645, qu'en cas de décès du marquis ou de la marquise de Rambouillet leur fille et leur gendre s'interdisaient de demander aucun compte au survivant.

Le marquis de Rambouillet mourut à Paris, le 26 février 1652, à l'âge de soixante-quinze ans : l'inventaire après son décès fut dressé le 25 juin et jours suivants, à l'hôtel de Rambouillet, par Mes de Beaufort et de Beauvais, à la requête de la marquise, sa femme, en présence du mandataire de la marquise de Montausier, autorisée par justice à défaut d'autorisation maritale, et de Mlle Marie-Angélique d'Angennes, représentée par son curateur.

Cette autorisation de justice, à défaut d'autorisations maritales, était une formalité qui n'impliquait nullement qu'il y eût dissentiment entre la marquise de Montausier et son mari.

La marquise de Montausier et Angélique d'Angennes agissaient dans l'inventaire en qualité de seules héritières de leur père ; leurs autres sœurs étaient entrées en religion.

L'intitulé de l'inventaire énonçant les qualités des parties intéressées dans la succession du défunt porte la date du 25 juin 1652 ; le lendemain 26, les notaires commencent les opérations proprement dites de l'inventaire, qu'accompagne la prisée, par un expert, des objets mobiliers au fur et à mesure de leur description.

Les tableaux sont expertisés par un peintre ; l'inventaire se termine le 24 septembre.

Le 28 juin 1656, la marquise de Rambouillet fait une donation à ses deux filles, Julie et Angélique, devant M⁰ Levasseur [1] et de Beauvais ; cette donation comprend l'hôtel de Rambouillet, le marquisat de Pisani, le comté de Talmond, des rentes sur les aides de Saintes, à la charge par les donataires de servir à leur mère une pension de 14,000 livres ; en outre, Mᵐᵉ de Rambouillet se réserve un capital de 75,000 livres.

La marquise meurt à son tour le 27 décembre 1665, à l'âge de soixante-dix-sept ans ; deux jours avant sa mort, elle veut tester et elle appelle un notaire ; son testament, qui porte les dates des 25 et 27 décembre, et dont la minute est confiée à M⁰ Hubault (aujourd'hui étude Grignon), ne modifie pas la dévolution naturelle de sa succession.

Angélique d'Angennes, qui s'était mariée au comte de Grignan, est morte ; ses deux filles viennent recueillir leur part dans l'héritage de leur grand'mère.

---

[1] Levasseur a pour successeur aujourd'hui M⁰ Fleury ou M⁰ Tourillon (deux Levasseur ayant exercé à la même époque).

L'inventaire après le décès de la marquise fut dressé à l'hôtel de Rambouillet, le 7 janvier 1666, à la requête du duc de Montausier, son exécuteur testamentaire, par M⁰⁰ Chuppin et de Sainfray, notaires ; cet inventaire était fait en présence de M⁰⁰ de Montausier, légataire particulière, donataire et légataire universelle pour moitié de sa mère, en présence aussi de François-Adhémar de Monteil de Grignan, tant en son nom personnel que comme tuteur de Catherine et Julie-Françoise, filles d'Angélique d'Angennes décédée ; les deux mineures étaient légataires et donataires pour l'autre moitié.

L'inventaire, commencé le 7 janvier, fut terminé le 6 février ; les notaires continuèrent leurs opérations et les terminèrent par l'inventaire du château de Rambouillet.

M⁰⁰ Chuppin et Ch. de Sainfray constatent, au début de leur opération, qu'ils sont partis de Paris le lundi 15 février, à sept heures du matin, pour aller au château de Rambouillet, appartenant à la duchesse de Montausier, distant de 10 à 11 lieues environ de Paris, au pays Chartrain, près Montfort-l'Amaury, et qu'ils sont arrivés à Rambouillet à sept heures du soir ; comme il est trop tard pour commencer, ils remettent leur première vacation au lendemain 16.

On inventorie d'abord la cuisine, on passe ensuite à la chambre de M⁰⁰ la comtesse de Crussol, la fille de la duchesse de Montausier ; à la chambre du seigneur de Montausier ; au grand salon, dans lequel se trouvent un tapis de table et dix-sept couvertures de chaises avec les dossiers, le tout de tapisserie à l'aiguille, à fleurs de diverses sortes à fond brun ; prix : 90 livres.

Dans la chambre, à l'entresol, où couche M. de Montausier, on décrit le lit de ce dernier.

A côté de cette chambre, dans un cabinet, on remarque un tableau peint sur bois, représentant plusieurs clients visitant leurs procureurs ; ce cabinet renferme encore d'autres tableaux assez nombreux, qui sont indiqués dans l'inventaire.

Au-dessus du cabinet, il y a une chambre appelée la Chambre des gentilshommes, puis celles des pages dont les meubles sont inventoriés.

Les belles tapisseries qui ornent le château sont vendues aux enchères ; l'inventaire terminé et les prix de chaque objet vendu sont donnés dans un procès-verbal dressé à cet effet.

Nous terminons notre publication des inventaires par l'inventaire de 1671.

Julie d'Angennes, épouse du duc de Montausier, mourut le 15 novembre 1671, à Paris, à soixante-quatre ans ; l'inventaire après son décès fut dressé par M⁰ˢ Chuppin et Ogier, notaires.

Cet inventaire est très considérable ; il comprend le château, l'hôtel de Rambouillet, un hôtel à Saint-Germain-en-Laye, les châteaux d'Angoulême et de Montausier ; nous analyserons plus loin cet inventaire.

Nous avons eu le soin dans notre publication d'indiquer en note les études des notaires contemporains qui correspondent aux études qui ont été chargées de dresser des actes intéressant, au xvi⁰ et au xvii⁰ siècle, la famille de Rambouillet.

De cette façon, ceux qui voudront pousser plus loin les recherches dont nous indiquons les sources auront toutes facilités pour le faire.

Nous devons remercier à cette occasion, M⁰ Paul Batardy, notaire à Paris, qui a bien voulu nous prêter un exemplaire du Minutier des notariats de la Seine, que nous avons mis largement à contribution.

Quels remerciements ne devons-nous pas à M. Charles Sauzé, qui a bien voulu nous autoriser à publier ses inventaires! M. Charles Sauzé marche d'ailleurs sur les traces de son distingué père, le D' Sauzé, mort en 1889 ; M. Sauzé père, qui fut vice-président du Conseil général des Deux-Sèvres, a donné des travaux historiques intéressants : on lui doit une étude sur le chevalier de Méré et un grand nombre de mémoires parus dans le *Bulletin de la Société de statistique* ; M. Charles Sauzé, qui vient de publier la *Bibliothèque du duc de Montausier en 1671*, continue dignement les belles traditions de sa famille, traditions de travail et d'études historiques.

LORIN,
Secrétaire de la Société archéologique
de Rambouillet.

Rambouillet, le 1er octobre 1893.

Tours. — Imp. Deslis Frères.

www.ingramcontent.com/pod-product-compliance
Ingram Content Group UK Ltd.
Pitfield, Milton Keynes, MK11 3LW, UK
UKHW021716090726
13657UKWH00005B/2279